ROZMOWA Z MISTRZEM

o wystąpieniach publicznych

1

tekst i ilustracje

Katarzyna Herman

Mistrz jest basenem, w którym możesz się uczyć jak

pływać. Kiedy się nauczysz, wszystkie oceany są twoje.

Autor nieznany

OD AUTORKI

Cieszę się niezmiernie, że trzymasz w ręku tę książkę. Jest dla Ciebie. Włożyłam w jej napisanie maksimum pozytywnej energii i sto procent zaangażowania. Wszystko po to, abyś w sposób lekki i przyjemny mógł pozyskać wiedzę. Szybko zorientujesz się, że jest to wiedza na tyle uniwersalna, że przydaje się nie tylko, podczas publicznych występów, ale także w pracy zawodowej i na gruncie prywatnym. Sam zadecydujesz w jakich kontekstach Ci się przyda. Książka jest niewątpliwie praktycznym przewodnikiem, w innowacyjnej formie. Znajdziesz w niej mnóstwo cennych wskazówek możliwych do natychmiastowego zastosowania. Jeśli zechcesz wypróbować choćby jedną z nich będzie mi bardzo miło.

Sześć lat temu zapragnąłem zrealizować swoje zawodowe marzenie. Nie wiedziałem, za co zabrać się w pierwszej kolejności, ale byłem pewien jak nigdy dotąd, że to jest właściwa droga. Pomysł zrodził się w mojej głowie w niespodziewanym momencie a znaki na ziemi i niebie wskazywały, że należy tą ścieżką jak najszybciej podążyć. Najważniejszą przeszkodą, jaka stanęła mi wtedy na drodze była moja nieśmiałość i strach przed krytyką ze strony innych osób. Zastanawiałem się wielokrotnie, jak stać się znanym i lubianym mówcą, który bez stresu wychodzi na scenę wygłaszając poruszające publiczność wystąpienia. Wiedziałem, że zdecydowana większość moich przyjaciół boi się mówić do ludzi. Część, ma także kłopot z przekazywaniem informacji w kontakcie z jedną osobą, podczas rozmów twarzą w twarz. Niektórych strach paraliżował tak, że skryliby się w mysiej dziurze, żeby tylko przed tym uciec. Mój strach był ogromny, ale do mysiej dziury nigdy się nie zmieściłem. Kilka razy musiałem stawić czoła własnym ograniczeniom. Udać, że ani trochę nie boję się wychodzić na środek by powiedzieć kilka słów zgromadzonym na wielkiej sali osobom. „Spalałem się" za każdym razem. Kosztowało mnie to masę energii i byłem na skraju wyczerpania. Wstydziłem się siebie i tego, że tak marnie sobie radzę.

Miałem wrażenie, że słuchacze dostrzegają każdy element świadczący o moim braku wiary w siebie – drżący głos, trzęsące się nogi i ręce oraz płomienny rumieniec na twarzy. Trudno było się piąć po szczeblach kariery i zdobywać szczyty, kiedy strach ograniczał moje możliwości niczym wielka kula przymocowana do kostki więźnia. Kula ważyła jakieś dwie tony. Próbowałem ruszyć się z miejsca. Bezskutecznie. Nie byłem w stanie. A może byłem, tylko nie wiedziałem jak to zrobić. Światełkiem w tunelu okazały się marzenia. Dzięki nim kula stała się nieco lżejsza i udało się zrobić kilka kroków na przód. Chciałem więcej. Pragnąłem wzbić się wysoko i latać na rozpostartych skrzydłach. Poczuć wolność i brak ograniczeń. Posmakować sukcesu i czerpać przyjemność z wykonywanej pracy. Potrzebowałem wparcia, wskazówek, znaków i praktycznych podpowiedzi. Ruszyłem drogą, która tak bardzo mnie przyciągała. Sama decyzja, że chce nią kroczyć była symbolicznym przejściem na drugą stronę lustra. Potrzebowałem wskazówek i otrzymałem je. Człowiek, którego poznałem po drugiej stronie okazał się być darem z niebios. Drogowskazem ukazującym właściwy kierunek. Wyrocznią znającą odpowiedzi na wszystkie moje pytania. Mistrzem i wzorem do naśladowania. Rozmowa z nim dała mi solidne podstawy potrzebne do wzniesienia budowli, jaką od tamtego dnia tworzę. Budowli, zwanej wystąpieniami publicznymi. To, co, się dzięki tamtej rozmowie wydarzyło przerosło moje najśmielsze oczekiwania. Stałem się nie tylko mówcą, wygłaszającym publicznie mowy, ale także znanym i lubianym nauczycielem przekazującym wiedzę na temat przemawiania. Poniżej pytania, jakie zadałem i odpowiedzi, które otworzyły mi oczy.

Ja: Mistrzu, chciałbym być taki jak ty, pomożesz mi?

Mistrz: Ależ ty jesteś taki jak ja.

Ja: Jak to?

Mistrz: Patrząc na ciebie widzę siebie sprzed wielu lat.

Ja: Naprawdę?

Mistrz: Pamiętam rok 1989, moment, kiedy po raz pierwszy wyszedłem przed swoją publiczność. Stres i trema były przerażające. Popełniłem wtedy, chyba wszystkie możliwe błędy, jakie tylko można było popełnić. Zdradziłem brak praktyki, profesjonalizmu i dobrego przygotowania. Czułem paraliżujących strach na widok ludzi siedzących na sali, pomimo, że była to grupa ściśle współpracujących ze mną osób. Nie wiedziałem gdzie i jak stanąć, jak przemieszczać się po sali i co zrobić z rękoma. Próbowałem trzymać uwagę słuchaczy i zachęcać ich do współpracy. Marnie to wyszło.

To był trudny występ, ale patrząc z perspektywy czasu bardzo potrzebny. Zaraz po nim dokonałem wyboru spośród dwóch opcji, jakie jawiły mi się przed oczami. Pierwsza – zostawić tremę i wstyd na takim poziomie, na jakim są i więcej nie występować. Druga – pokonać strach i zrealizować swoje marzenie – zostać trenerem i uczyć ludzi.

Moje marzenie było tak silne, że nie wyobrażałem sobie innej drogi jak tylko pokonanie swoich słabości.

Minęło wiele lat, a ja zrobiłem siedmiomilowe kroki. Dziś wiem, i to chłopcze zapamiętaj raz na zawsze:

Nieśmiałość, trema i strach są uleczalne!

Wiem to na własnym przykładzie. Sam pokonałem tę drogę. Byłem cichy, spokojny i małomówny a na dodatek bardzo się wstydziłem. Teraz jestem zawodowym mówcą.

Każdy, również i ty może nim zostać, jeśli zechce.

Stres i trema zmniejszają się wprost proporcjonalnie do praktyki i obycia na „scenie". Udany występ to, nic innego jak postępowanie we właściwy sposób, a tego można się szybko nauczyć.

Zdałem sobie sprawę, że potrzebuję czterech elementów, aby osiągnąć sukces. Z mojego doświadczenia wynika, iż są to:

1. ODWAGA, czyli wiara i pewność siebie

2. PRZYGOTOWANIE, czyli przemyślenie i dopracowanie tematu

3. OBYCIE, czyli praktyka

4. DYSTANS DO SIEBIE, czyli coś, co pozwala robić użytek z informacji zwrotnej, aby się doskonalić.

Wychodź naprzeciw swoim słabościom wtedy je pokonasz

powiedział do mnie kiedyś pewien mądry człowiek. Słowa te zrobiły na mnie ogromne wrażenie i dały mi siłę do pokonywania trudności. Teraz ty trafiłeś do mnie i moim zadaniem jest przekazać Ci jak, postępować we właściwy sposób i stać się skutecznym mówcą.

Ja: Mistrzu, co mogę zrobić, żeby tak się stało?

Mistrz: Odpowiem ma wszystkie twoje pytania. Proszę jednak, abyś uszanował i zaakceptował dwie zasady, które obowiązują podczas pracy ze mną. Po pierwsze – na żadne z moich pytań nie wolno Ci odpowiedzieć „nie wiem". Po drugie – przekażę Ci wszystko, czego dowiedziałem się od swojego nauczyciela i sam wypracowałem przez lata. Ty, praktykuj i zapamiętaj tylko to, co jest Ci potrzebne i przydatne. To, co uznasz ze zbędne możesz odrzucić. To Ty, nie ja, oceniasz i decydujesz, co jest dla Ciebie wartościowe a co nie.

Ja: Dobrze.

Mistrz: Czy Ty się boisz?

Ja: Tak

Mistrz: Boisz się, bo?

Ja: Bo… ludzie są krytyczni.

Mistrz: Jacy ludzie są krytyczni?

Ja: Wszyscy wokół mnie

Mistrz: Wszyscy powiadasz. Hmm… Gdzie siedzi największy krytyk podczas twoich wystąpień?

Ja: Największy krytyk siedzi… we mnie…

Mistrz: Dokładnie tak. Co możesz zrobić, aby ten krytyk dawał Ci najlepsze noty?

Ja: Hmm…Nie wi… To znaczy… eee..

Mistrz: Czego potrzebujesz, aby dostawać najlepsze noty?

Ja: Potrzebuję przestać się bać!

Mistrz: Brawo! Co zrobić żeby przestać się bać?

Ja: Zyskać poczucie, że jest się przynajmniej dobrym, jeśli nie najlepszym.

Mistrz: Jak stać się najlepszym?

Ja: Aby być dobrym trzeba pozyskać odpowiednią wiedzę.

Mistrz: Jak zdobyć niezbędną wiedzę?

Ja: Czytać.

Mistrz: Pamiętaj, że najlepszą nauką jest praktyka. Książka nie zastąpi człowieka, nie rozwieje twoich wątpliwości i nie wyjaśni tego, czego nie rozumiesz. Trafiłeś do mnie. To dobrze. Uwielbiam dzielić się wiedzą. Opowiem Ci o fundamentach, dzięki którym po naszym spotkaniu samodzielnie będziesz się rozwijał w tej dziedzinie. Pokaże Ci, jak ćwiczyć to, czego Cię nauczyłem i każdego dnia będziesz stawał się lepszym mówcą.

Ja: Od czego więc zaczniemy?

Mistrz: Zajmiemy się twoim strachem. Co musiałoby się stać żebyś przestał się bać?

Ja: Musiałbym wiedzieć, że ludzie, do których mówię dobrze mnie odbierają. Chciałbym, aby patrząc na mnie myśleli, że jestem świetny w tym, co robię.

Mistrz: Z powodzeniem możesz to osiągnąć. Popracujemy nad tym razem a potem zmierzysz się z grupą, która powie Ci jak sobie poradziłeś. Umowa stoi?

Ja: Stoi.

Mistrz: Świetnie. Żeby porzucić strach i zyskać pewność siebie potrzebujesz przede wszystkim wiedzy.

Wiedza daje poczucie pewności.

Po pierwsze, wiedza na temat tego, o czym się mówi. Po drugie wiedza na temat tego jak się zachować przemawiając.

Ja: Nikt mi nigdy nie powiedział jak mam się zachowywać.

Mistrz: Domyślam się. Najczęściej ludzie są samoukami w tym temacie i popełniają mnóstwo błędów wynikających z niewiedzy. Któż mógłby przypuszczać, że:

Pewność siebie kryje się w odpowiedniej postawie.

Ułożenie stóp, odpowiedni rozkrok, ciężar ciała we właściwym miejscu i człowiek od razu czuję w sobie moc.

Ja: Naprawdę tak to działa?

Mistrz: Zdecydowanie tak. Sprawdź na sobie.

Ja: Teraz?

Mistrz: Teraz. A na co tu czekać?

Ja: Co mam robić?

Mistrz: Spójrz na mnie. Lekki skręt tułowia, niewielki rozkrok.

Ja: Tak dobrze?

Mistrz: Nogi bliżej siebie, pomiędzy nimi ma się zmieścić nie więcej niż jeden mały przebiegający pies.

Ja: To zabawne.

Mistrz: Zabawne, ale skuteczne. Z pewnością zapamiętasz tego psa, a dzięki niemu jak ustawiać nogi.

Ja: Masz rację.

Mistrz: Trzymaj ciężar ciała zawsze na obu nogach. Przemawiając nie wyglądasz najlepiej przestępując z nogi na nogę.

Ja: Co teraz?

Mistrz: Więcej luzu w postawie.

Ja: Staram się tylko… Wstyd się przyznać… nie mam, co z rękami zrobić…

Mistrz: Tego też się domyślałem?

Ja: Jak to?

Mistrz: Bo to nie tylko twój problem. Obserwowałeś kiedyś ludzi pod tym kątem?

Ja: Nigdy.

Mistrz: Zobaczyłbyś, że to choroba 90% ludzi.

Ja: Poważnie?

Mistrz: Poważnie. Popatrz przy najbliższej okazji jak stoją rozmawiając ze sobą. Ich ręce szukają bezpiecznego miejsca trzymają się torebek, nerwowo poprawiają włosy, chowają się do kieszeni, ściskają długopis, zwijają kartki, podpierają ścianę, trzymają się krzesła, stołu, kubka z kawą lub innych przedmiotów będących w pobliżu. To wszystko są oznaki braku pewności siebie. Mówcy z kolei najchętniej chowają się za mównicą. Gdyby zrobić eksperyment i zabrać im tę sprytną „kryjówkę" wielu z nich poczułoby dyskomfort i brak pewności siebie.

Ja: To, co właściwie z tymi rękami należy robić?

Mistrz: Są pewne układy, które warto zapamiętać i korzystać z nich wtedy, kiedy tej pewności wyraźnie brakuje. Każdy człowiek musi dobrać te, które do niego pasują, bo układ rąk zmienia „wielkość postawy". Popatrz na mnie. Będę teraz przechodzić między jednym a drugim układem, a ty powiedz, jakie zmiany zaobserwowałeś.

Ja: Teraz wydajesz się być bardzo szeroki w ramionach. A teraz długi. Teraz skracają Ci się ręce. A teraz jesteś poważny i oficjalny. Wow! Tego się nie spodziewałem. Co ja mam zrobić?

Mistrz: Niech spojrzę. Jesteś dobrze zbudowany, szczupły i wyskoki. Wydłużać się nie potrzebujesz, ale trochę wielkości w ramionach może się przydać. Podnieś ręce, spleć i ustaw na wysokości pępka. Odklej łokcie od ciała. Dodaj do tego nogi. Trzymaj ręce tak, aby pokazywać pewność siebie a przy tym czuć się swobodnie i naturalnie. To wszystko służy do świadomego kreowania siebie.

Praktykuj układy, które poznałeś i rób to naturalnie. Nie chowaj rąk do kieszeni ani za plecami. Trzymanie czegoś w ręku jest dopuszczalne i działa jak koło ratunkowe czy zawór bezpieczeństwa. Uważaj na wpadki spowodowane wykonywaniem niekontrolowanych ruchów. Każdy gest może działać na twoją korzyść lub na niekorzyść. Nie wskazuj palcem na ludzi, rób to otwarta dłonią, wykonuj ruchy powyżej pasa, dłonie miej otwarte a nie zaciśnięte. Swobodnie i płynnie gestykuluj.

Ale wracamy do ćwiczeń - dobierz odpowiednią wysokość rąk, koniecznie powyżej pasa, odklej łokcie od ciała dodaj do tego pewną postawę i gotowe. Świetnie! A teraz popatrz w lustro.

Ja: Wyglądam jakbym był pewny siebie.

Mistrz: Wystąpienia to gra aktorska. Jeśli się wewnętrznie pewny siebie nie czujesz to graj. Zachowuj się tak jak ktoś pewny siebie. Jakbyś na czas wystąpienia zakładał „szatę odwagi".

Ja: Pomoże?

Mistrz: Skoro pomogło wszystkim tym, których do tej pory uczyłem to śmiem stwierdzić, że i tobie pomoże.

Ja: Mam nadzieję.

Mistrz: Nadzieja tu nie ma nic od rzeczy. Kwestia jest taka, abyś nauczył się wchodzić w odpowiednią rolę. To, co należy zrobić to świadomie kreować swój wizerunek. Ludzie zdecydowanie więcej sygnałów ze świata odbierają podświadomie. To, o czym będę Ci mówić dotyczy przede wszystkim takiego wpływu na słuchaczy.

Odbiór świadomy to tylko 7 % całego przekazu, 93% to odbiór podświadomy związany z komunikacją niewerbalną.

Ja: Skąd mam wiedzieć, że tak rzeczywiście jest?

Mistrz: Wyobraź sobie, że ktoś umarł i ludzie przychodzą składać Ci kondolencje. Zwykle są smutni i zachowują się stosownie do sytuacji mówiąc:

- Przykro mi.

Nagle podchodzi do Ciebie człowiek, który ma „przyklejony" uśmiech do twarzy i również mówi:

- Przykro mi.

Co sobie myślisz? Czemu wierzysz bardziej?

Ja: Nie wierzę, że jest mu przykro.

Mistrz: Bo?

Ja: Coś mi nie pasuje.

Mistrz: To się nazywa brak spójności. Komunikat werbalny nie współgra z komunikatem niewerbalnym, stąd też pojawiło się podejrzenie, że usłyszałeś nieprawdę.

Dobry mówca, to przede wszystkim spójny mówca.

Dbaj o spójność, jeśli chcesz być postrzegany, jako wiarygodny.

Ja: Jak ćwiczyć spójność?

Mistrz: Za każdym razem, gdy coś mówisz, dopasuj do wypowiadanych słów swoje zachowanie. Informacje poważne przekazuj poważnie, tematy wesołe z humorem, a przy tym pewnie, zdecydowanie i z energią.

Ja: To proste.

Mistrz: Proste w teorii i staję się proste w praktyce, jednak wymaga ćwiczeń.

Ja: Zaczynam dostrzegać, że bez ćwiczeń niewiele można osiągnąć.

Mistrz: To prawda. Miałem kiedyś dwóch uczniów, którym jednocześnie przekazywałem tą samą wiedzę. Przychodzili do mnie przez kolejne cztery dni i codziennie dowiadywali się czegoś nowego.

Pierwszy przyswajał wiedzę na zajęciach a wieczorem odpoczywał. Drugi przyznał, że każdego wieczoru ćwiczy to, czego się nauczył. Codziennie widać było ogromny postęp w jego zachowaniu. Ostatniego dnia okazało się, że pomiędzy pierwszym a drugim uczniem jest ogromna przepaść związana z umiejętnościami. To najlepszy dowód na to, że:

Praktyka czyni mistrza. Gdy zaniedbasz trening zaczniesz popełniać podstawowe błędy.

Ja: Sądzę, że ten drugi uczeń bardzo chciał stać się mistrzem w tym, co robi i dlatego tak pilnie ćwiczył.

Mistrz: Słuszny wniosek! Doskonale wiedział, co chce osiągnąć i zrobił ogromny postęp na drodze do celu, który sobie wyznaczył.

Jeśli wiesz, dokąd zmierzasz na pewno tam dotrzesz.

Ja: Tyle prostych, a jakże istotnych prawd.

Mistrz: Następny element układanki to kontakt wzrokowy.

Ja: Nad tym też mam pracować?

Mistrz: Zgodnie z zasadą, o której wspominałem na początku, to ty ocenisz, nad czym chcesz pracować. Ja przekazuję wiedzę – ty, robisz z niej użytek.

Ja: Tak, tak, pamiętam.

Mistrz: Kontakt wzrokowy to element niezbędny. Dlatego wybierz na sali strategiczne miejsce, żeby wszystkich widzieć. Każdemu należy poświęcić chwile uwagi, zatrzymać na nim wzrok. Stań, więc w taki sposób, aby ogarniać całą salę.

Ja: Rozumiem.

Mistrz: Mimo to wielu mówców szuka inspiracji za oknem, wpatrując się w podłogę lub wysoko ponad głowami uczestników siedzących na sali. Kiedy patrzysz w podłogę mogą postrzegać cię, jako osobę nieśmiałą, stremowaną lub wystraszoną. Kiedy patrzysz wysoko ponad głowami zgromadzonych, jako kogoś, kto, obnosi się z wiedzą i trochę wywyższa. Patrząc na twarze zyskujesz zaufanie i budujesz swoją wiarygodność.

Ja: Każdy mówca chce być wiarygodny.

Mistrz: To prawda. Jednak wielu nie zdaje sobie sprawy, że wysyłając rozbieżne sygnały podkopuje samego siebie.

Ja: To chyba najgorsze, samemu kłaść sobie kłody pod nogi.

Mistrz: Otóż to. Dlatego taki sposób postępowania należy bezwzględnie wyeliminować. Zwłaszcza robienie sobie „tła" typu:

„Bardzo Państwa przepraszam, ale do dzisiejszego spotkania średnio się przygotowałem. Mam jednak nadzieję, że Państwo to zrozumieją i…"

Nie, nie i jeszcze raz nie! Nawet, jeśli jesteś kiepsko przygotowany nigdy się do tego publicznie nie przyznawaj. Ludzie tego nie zrozumieją. Nie przyszli też wysłuchiwać usprawiedliwień i nie mają zamiaru litować się nad tobą. Ugryź się w język i daruj sobie taki wstęp. Prezentuj to, co masz do powiedzenia najlepiej jak potrafisz.

Ja: Wiele razy zdarzyło mi się tak zacząć. Jedyna różnica polegała na tym, że ja wspominałem o swojej tremie a nie o braku przygotowania.

Mistrz: Jaki był efekt?

Ja: Mizerny. Potem zdawało mi się, że oni dostrzegają każdy szczegół świadczący o tym, że się denerwuję.

Mistrz: Wyobraź sobie następującą sytuację. Jesteś mówcą. Na spotkaniu będzie trzydzieści osób. Za chwilę masz wejść i coś ważnego powiedzieć. Idziesz po kawę, żeby się trochę pobudzić i zrelaksować. Masz jeszcze kilka minut czasu. Podchodzisz do automatu. Wybierasz ulubioną kawę. Z kubkiem w dłoni odwracasz się, aby skierować się w stronę sali i nagle przechodzący szybkim krokiem mężczyzna potrąca cię tak niefortunnie, że na twojej koszuli zostaje niewielka brązowa plama. Wychodzisz przed grupę i co mówisz – w przerwie polałem się kawą. Tutaj – zobaczcie."

Co się stanie w takiej sytuacji?

Ja: Ludzie będą gapić się na tę plamę.

Mistrz: Będą, i… ?

Ja: Wszyscy ją zobaczą.

Mistrz: A gdybyś nie wspomniał o całym zajściu?

Ja: To istnieje szansa, że nikt by nie zauważył.

Mistrz: Można do sytuacji nawiązać, ale trzeba to zrobić umiejętnie.

Wariant pierwszy:

„Bardzo Państwa przepraszam, w przerwie polałem się kawą i będę zmuszony mówić do Państwa w tej poplamionej koszuli. Niezdara ze mnie."

Wariant drugi:

„Człowiek odczuwa wiele satysfakcji, kiedy pokonuje trudności. Na drodze pojawiają się najprzeróżniejsze przeszkody, ale kiedy je pokonujesz odczuwasz radość i dumę, prawda? Ja dziś również odczuwam dumę, bo podczas przerwy pokonałem jedną trudność. Jaką? Biegnący po korytarzu mężczyzna zafundował mi genialnie na mówców działający element stresowy. Kto z Państwa domyśla się jaki?"

Ja: Dobre. Nie dość, że udało się wybrnąć z sytuacji to jeszcze wzbudzić zainteresowanie tą zabawną historią.

Mistrz: I o to właśnie chodzi. Potrzeba trochę inwencji i dystansu, żeby śmiać się z siebie. Wracając do postawy, gestykulacji i kontaktu wzrokowego. Pewne rzeczy musisz wyćwiczyć, ale

Zachowaj pewną dozę naturalność w zachowaniu

To moja przestroga dla ciebie. Nie ma nic gorszego niż mówca przyklejony do jakiegoś wyuczonego gestu. Wyuczone gesty są dobre pod warunkiem, że została w nich część twojej naturalnej ekspresji.

Ja: Mógłbym wymienić kilka osób, które tak właśnie robią – przyrastają do jakiegoś gestu. Na przykład A…

Mistrz: Nie ma potrzeby wymieniać ich z imienia i nazwiska. Obaj wiemy, że tacy istnieją i jak w takiej pozie wyglądają. To w zupełności wystarczy, aby, dokonać właściwych zmian w swoim zachowaniu.

Ja: Masz rację.

Mistrz: Skoro masz już wiedzę na temat postawy i gestów możemy iść krok dalej. Następnym etapem jest ruch. Możesz się przemieszczać po sali do przodu, do tyłu, w lewo i w prawo. Zasada jest taka, że nigdy nie odwracasz się plecami do widowni. Idziesz do przodu i wracasz tyłem. Robisz małe kroki i w myślach liczysz – raz, dwa, trzy, cztery i powrót też na cztery - raz, dwa, trzy, cztery. To samo na boki – raz, dwa, trzy, cztery, zwrot, raz, dwa, trzy, cztery i zwrot.

Ja: Teraz ja spróbuję.

Mistrz: Bardzo dobrze. Tylko bez tanecznych obrotów. Zawsze wracasz do postawy wyjściowej. Jasne?

Ja: Jasne.

Mistrz: Poruszaj się płynnie. Chodzenie po „scenie" jest jak tańczenie poloneza.

Ja: Ok. A dlaczego mam robić cztery kroki a nie na przykład dwa?

Mistrz: Zastanów się.

Ja: Nie ma bladego pojęcia.

Mistrz: Cztery kroki i zatrzymanie są po to, żeby eliminować efekt bujania. Robiąc dwa kroki w przód i dwa kroki w tył, i znów dwa kroki w przód i dwa kroki w tył widownia widzi twoje bujanie zamiast chodzenia. Na dłuższą metę jest to dla nich nie do wytrzymania, ponieważ nie można na tobie skupić wzroku. Mogą przez to poczuć się zirytowani.

Ja: No jasne. Oglądałem kiedyś jeden program w telewizji i tam był taki facet. Bujał się i bujał. Trwało to przez cały jego program i rzeczywiście było męczące.

Mistrz: Tylko bez nazwisk bardzo Cię proszę.

Ja: Nie ma problemu.

Mistrz: Ach, i jeszcze jedna istotna uwaga. Nie jest dobre stanie w jednym miejscu przez cały występ, tak samo jak ciągłe spacerowanie. Zwróć uwagę, aby nie przeginać ani w jedną ani w drugą stronę. Mówię to tym, bo większość moich uczniów powtarza następującą strategię - stoją stabilnie wtedy, kiedy ćwiczą swoje mowy, ale jak opowiem o chodzeniu wszyscy chodzą bez opamiętania a ja łapię się za głowę. Weź to sobie proszę, do serca.

Ja: Będę o tym pamiętał.

Mistrz: Podsumujmy tę część. Postawa, gesty, ruch – elementy ważne, wpływające na wizerunek. Po pierwsze, stabilna postawa. Po drugie dobrany układ rąk. Po trzecie, odpowiednia liczba kroków z obowiązkowym zatrzymaniem. Wszystko da się ćwiczyć, nawet w codziennych sytuacjach życiowych. Sam tak robiłem i wiem, że po takich praktykach dużo łatwiej jest prezentować się przed grupą. Zatem ćwicz, rozmawiając z przyjaciółmi, ze współpracownikami, stojąc w kolejce po chleb. Nie ma znaczenia gdzie ćwiczysz – po prostu to rób.

Ja: A co z przygotowaniem samej prezentacji?

Mistrz: Przygotowanie wystąpienia to jego najważniejsza część. Warto zdać sobie z tego sprawę. Masz ciekawy temat, wiele materiałów jednak to wszystko na nic, jeśli ty będziesz nieprzygotowany.

Ja: To fakt.

Mistrz: Przed spotkaniem zadaj sobie pytania:

- Dla kogo?

- Gdzie?

- Kiedy?

- Po co? Będziesz przemawiać

Ja: Wtedy dostosuję przekaz do audytorium.

Mistrz: O to chodzi. Żeby osiągnąć cel przemyśl dokładnie kwestie merytoryczne prezentacji.

- co chcesz przekazać?

- jakie informacje?

- z jakich materiałów skorzystasz

- jakimi narzędziami będziesz to realizował?

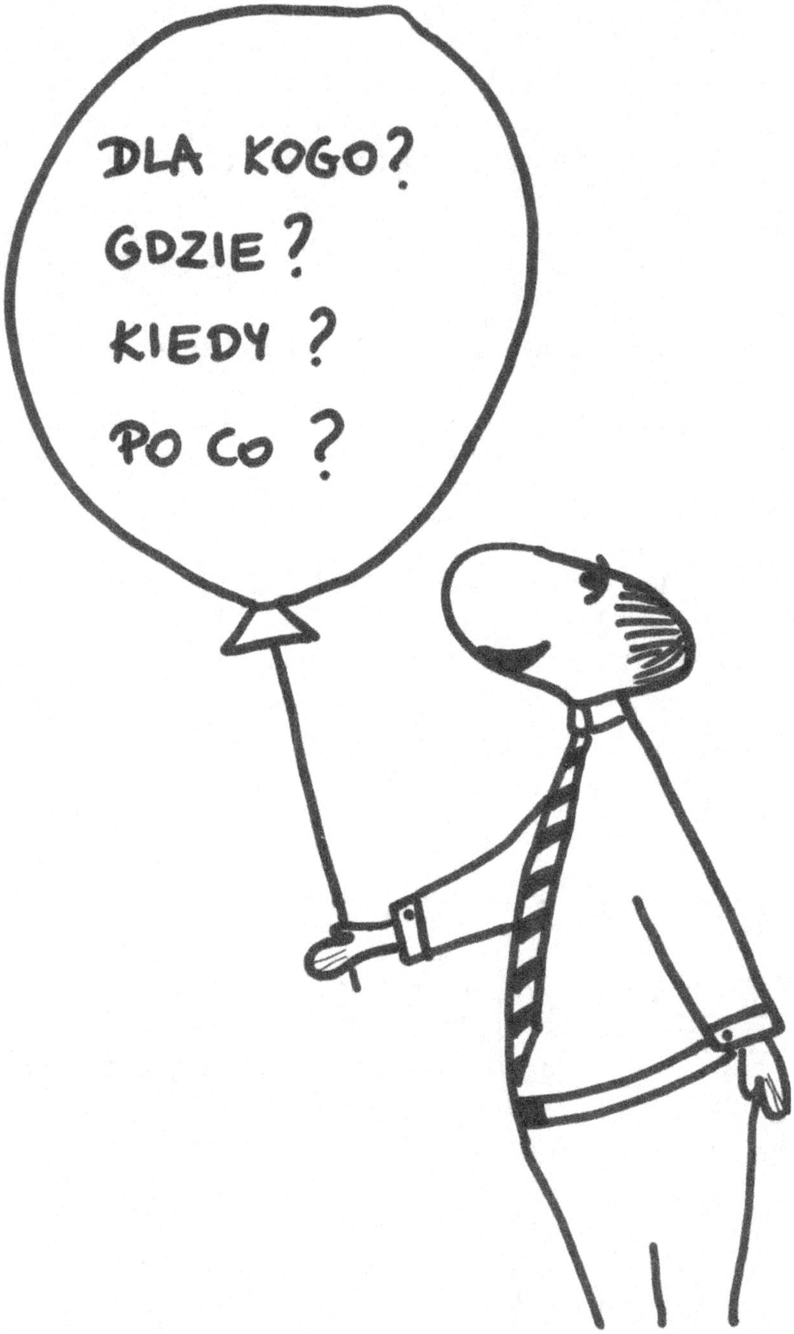
DLA KOGO?
GDZIE?
KIEDY?
PO CO?

Przygotuj salę i materiały. Przyjdź minimum trzydzieści minut przed wystąpieniem. Ja daję sobie całą godzinę. Przychodząc wcześniej masz czas na dostosowanie wszystkiego do swoich potrzeb. Jeśli jesteś w sali przed uczestnikami to zdecydowanie bardziej czujesz się gospodarzem, nawet w miejscu, do którego wchodzisz po raz pierwszy. Ustaw krzesła tak, aby mieć lepszy kontakt z publicznością, bez barier i ograniczeń. Zadbaj o to, by z każdego miejsca dobrze było Cię widać i słychać.

Ja: To jest bardzo istotne i teraz mi to uświadomiłeś. Mówcę musi być widać i słychać.

Mistrz: Aby skutecznie prezentować należy:

1. Ustalić cel - co chcę powiedzieć, co chcę osiągnąć.

2. Obserwować reakcje słuchaczy, aby odpowiednio reagować.

3. Dopasować się do audytorium (gesty, język).

4. Zadawać pytania.

5. Skupiać na sobie uwagę.

6. Wzbudzać zainteresowanie.

7. Mówić językiem korzyści.

8. Prezentować w sposób logiczny.

9. Stosować zwroty Pan, Pani, Państwo, Ty.

10. Ujawniać emocje.

Ja: To jest taki dekalog. Wszystko zapisuję.

Mistrz: Możesz to tak nazwać, jeśli chcesz. Pamiętaj, mówisz do ludzi i dla ludzi. Rób tak, żeby cię rozumieli. Rozmawiaj z nimi, prowadź dialog. Przemawianie dla samego przemawiania to żadna sztuka. Używaj poprawnego języka, bez żargonu i niezrozumiałych słów. Jeśli wprowadzasz coś nowego wyjaśnij, o co chodzi. Załóż, że temat, który omawiasz jest zupełnie nowy przynajmniej dla części zgromadzonych. Mów powoli, spokojnie, ale z energią. Pokaż jak dobrze znasz temat, ale nie przechwalaj się. Pracuj głosem. Moduluj, rób pauzy i zmieniaj tempo wypowiedzi. Obserwuj jak reagują słuchacze.

Dowiedz się, do kogo mówisz. Kim są słuchacze? Jakie mają oczekiwania? Po co przyszli? Jak do nich trafić? Popatrz ich oczami. Przemawiaj ich językiem. Dostosuj język prezentacji i wiedzę merytoryczną do ich możliwości i poziomu intelektualnego. Traktuj ich jak partnerów i daj im odczuć, że są dla ciebie wartościowi i ważni. Mów o nich i do nich. Bądź energiczny, otwarty i chętny do pomocy.

Bądź spontaniczny. Przeżywaj swoje wystąpienie – pokazuj emocje. Pokaż, że czujesz ten temat i jesteś dobrze przygotowany. Słuchaj pytań i precyzyjnie udzielaj odpowiedzi. Dyskutuj. Pozwól zaangażować się publiczności – prowokuj w nich chęć aktywnego uczestnictwa.

Zupełnie bez znaczenia jest to, czy przedstawiasz na forum zarządu projekt wart miliony euro, czy prowadzisz zebranie kilkuosobowego zespołu, lub też zachęcasz do korzystania z usług twojej firmy. Liczy się fakt, że stojąc twarzą w twarz z grupą ludzi, nie ważne jak liczną, prezentujesz przede wszystkim siebie.

Chcąc udoskonalić swoje prezentacje udoskonalaj siebie.

Ja: Czym więcej się dowiaduję, tym bardziej chce się tego uczyć i już mam ochotę na kolejny krok.

Mistrz: Masz motywację a to dobrze wróży twojej karierze.

Ja: Cieszę się.

Mistrz: Warunek to utrzymać tę motywację na wysokim poziomie.

Ja: Sądzę, że spadek motywacji mi nie grozi. Czuję, że zdobywanie nowej wiedzy i umiejętności w tej dziedzinie to moja nowa pasja.

Mistrz: Tak trzymaj! To wzorowa postawa. Pielęgnuj ją. W tym celu zadbaj o swój komfort psychiczny.

Są dni, że czujesz się zmęczony lub zniechęcony. Masz wątpliwości czy w danej sytuacji będziesz w stanie sobie poradzić. Tracisz wiarę, masz negatywnie myśli i tworzysz w swojej głowie czarne scenariusze. Taka postawa jest jak walkower, czyli przegrana zanim jeszcze rozpocznie się gra. Włóż maksymalny wysiłek w to, aby zmienić podejście, bo ono, nic pozytywnego nie wnosi. Zacznij od własnego komfortu i relaksu – basen, sauna, spacer po lesie, chwila dla siebie, cisza, joga, ulubiona muzyka lub kąpiel w puszystej pianie. Zaserwuj sobie to, czego potrzebujesz. Odpręż się i poczuj w sobie energię do dalszych działań.

Teraz, kiedy masz już w sobie więcej luzu skup się przez chwilę na ludziach, do których zwykle przemawiasz. Po pierwsze pamiętaj, że Twój odbiorca - jaki by nie był - nadaje sens prezentacji poprzez sam fakt swojego istnienia. Staje tu w roli słuchacza, bez którego twoje przemawianie nie miałoby sensu. To jest dobry powód, aby go trochę lubić. Prawda?

Ja: Zgadza się.

Mistrz: On sam jest w jeszcze trudniejszej sytuacji niż Ty. To ty z definicji masz większą kontrolę nad prezentacją, a on jest skazany na to, co i w jaki sposób mu zaproponujesz.

Ja: Czyli publiczność również odczuwa stres?

Mistrz: Przypomnij sobie jak ty wchodziłeś na jakieś grupowe spotkanie do nowego miejsca. Pamiętasz taką sytuację?

Ja: Pamiętam.

Mistrz: Co to było za spotkanie?

Ja: Firma, w której pracuję wysłała mnie na szkolenie dotyczące zarządzania projektami.

Mistrz: O czym myślałeś wchodząc?

Ja: O tym, jak będzie, jak wypadnę na tle grupy i kto będzie prowadził zajęcia.

Mistrz: Co czułeś w związku z tym?

Ja: Niepewność i lekki stres.

Mistrz: To masz odpowiedź.

Publiczność czasem odczuwa stres, ale przede wszystkim niepewność.

Jaki z tego wniosek?

Ja: Przemawiając, nie jestem jedyną osobą, która się denerwuje.

Mistrz: Wróćmy do sytuacji z twojego szkolenia. Czego oczekiwałeś wchodząc?

Ja: Że dowiem się... co mnie czeka.

Mistrz: Jak to inaczej nazwać?

Ja: Spokojem?

Mistrz: Blisko.

Ja: Wiem! Poczuciem bezpieczeństwa.

Mistrz: Bingo. Zapewniając uczestnikom poczucie bezpieczeństwa sprawiasz, że czują się dobrze.

Ja: Jak to zrobić?

Mistrz: Powiedz o tym, co się będzie działo, jakie zasady panują na spotkaniu, czego ty, jako prowadzący, będziesz wymagał i konieczne wspomnij o sprawach organizacyjnych, czyli ile będzie trwało spotkanie, kiedy będą przerwy i tak dalej.

Ja: Wiesz, co sobie teraz pomyślałem?

Mistrz: Co?

Ja: Ludzie są tak naprawdę moimi sprzymierzeńcami, a nie wrogami.

Mistrz: Pięknie powiedziane.

Ja: Dziękuję. Mistrzu, chciałbym wiedzieć, jakie pytanie najczęściej zadają ci twoi uczniowie?

Mistrz: Wielu osobom spędza sen z powiek odpowiedź na pytanie - *jaka powinna być moja prezentacja, aby była profesjonalna?* Tu zazwyczaj następuje poszukiwanie "trendów i szablonów prezentacyjnych". Zachęcam cię do stawiania na skuteczność. Profesjonalna prezentacja to, prezentacja skuteczna, pozwalająca zrealizować założone cele dowolnymi etycznymi metodami.

Ja: Wszystko można, byle etycznie.

Mistrz: Gdybyś korzystał z plansz lub programu Power Point weź pod uwagę preferencje ludzkiego mózgu. Stosuj okrągłe wykresy, duże cyfry, czcionki Times lub Arial oraz ciemne litery na jasnym tle. Dodaj kolory wyróżniające pewne elementy na planszach czy slajdach. Przedstaw zdjęcia, obrazy oraz przynieś ze sobą rekwizyty.

Ja: A ty stosujesz Power Pointa?

Mistrz: Nie stosuję. Dla mnie jest to po części pójście na łatwiznę.

Ja: Jak to?

Mistrz: Zdecydowanie więcej wysiłku i przygotowania w profesjonalny występ musi włożyć ten, kto wykorzystuje siebie, jako główne źródło skupiania uwagi, zamiast zasłaniać się slajdami. Sam wolę się „produkować" przed publicznością, wykorzystując przy tym flipchart oraz dodatkowo różne rekwizyty.

Często jestem rekwizytem swojego pokazu. Przykładem tego jest mój występ dla jednej z firm ochroniarskich.

Ja: Co to był za występ?

Mistrz: Zostałem zaproszony, aby zaprezentować temat – Strój biznesowy. Miałem na przeprowadzenie zajęć z grupą pięćdziesięcioosobową tylko dwie godziny. Liczyła się dla mnie skuteczność i innowacyjny pomysł. Wziąłem wtedy do pomocy asystenta i wspólnie zrealizowaliśmy mój plan. Obaj byliśmy głównymi rekwizytami całego występu. Koncepcja, którą zrealizowaliśmy polegała na zaprezentowaniu dwóch przeciwstawnych przykładów stroju – tego właściwego i tego niestosownego. Zadaniem uczestników było odnalezienie niewłaściwych elementów i samodzielne zdefiniowanie zasad.

dotyczących stroju w biznesie. Zajęcia okazały się strzałem w dziesiątkę. Słuchacze byli zadowoleni a ja miałem satysfakcję z dobrze wykonanej pracy.

Ja: Genialne! Proste, ale genialne!

Mistrz: Proste rzeczy są wyjątkowo skuteczne. W świecie przecież nie obowiązuje zasada – czym bardziej zawiłe tym bardziej skuteczne. Wręcz przeciwnie. To, co proste jest dobre. A swoją drogą, wyobrażasz sobie ten temat przedstawiony na slajdach?

Ja: Nudy.

Mistrz: I znika radość z przekazywania wiedzy.

Ja: Nasuwa mi się jeszcze jedno pytanie – jaki strój jest wskazany na prezentację?

Mistrz: Mój nauczyciel powiedział – najlepszy strój to strój dopasowany do okoliczności.

Ja: Zgadzam się, jednak obowiązują chyba pewne standardy? Chciałbym je poznać.

Mistrz: Zgoda. Unikaj garniturów z ciężkich tkanin. Preferowane są lekkie, najczęściej gładkie tkaniny. Mogą być z delikatnym połyskiem. Najlepsza długość spodni jest wtedy, gdy, stojąc boso dolna krawędź nogawki dotyka podłogi. Dotyka to znaczy dotyka, a nie leży! Koszula koniecznie z długim rękawem i tu ważne, aby spod marynarki wystawało 1,5-2 centymetrów rękawa, wtedy efekt jest najlepszy. Koszula dopasowana do marynarki bez mieniących się efektów i niezbyt krzykliwa. Do tego dobrany, wyróżniający się krawat –

koniecznie dobrze zawiązany – nie dłuższy niż do paska spodni.

Skarpetki do połowy łydki, żeby jak to jeden z moich szacownych kolegów powiedział – „sierści nie było widać", wtedy, kiedy na przykład siedząc zakładasz nogę na nogę. Buty z cienkimi sznurówkami, czyste i porządnie wykonane. Mają wyglądać jak nowe.

Dodatki typu pasek, zegarek, spinki do mankietów – wszystko eleganckie, ale z umiarem i taktem.

Na topie jest dyskretna elegancja. Zbytnia wytworność nie jest wskazana a wręcz szkodliwa dla twojego wizerunku.

Kobiety obowiązuje kostium, czyli żakiet ze spodniami lub spódnicą. Spódnica długości lekko przed kolano lub lekko za kolano. Na nogach zawsze rajstopy lub pończochy i buty obowiązkowo z zakrytymi palcami. Bluzka z rękawem, może być krótki, byle nie na ramiączka. Z umiarkowanym dekoltem. Koniecznie delikatny makijaż. Jeśli pani ma długie włosy to muszą być spięte. Biżuteria dyskretna bez brzęczących ozdób i łączenia złota ze srebrem. Albo jedno albo drugie.

Zarówno w stroju męskim jak i damskim zachowanie maksymalnie trzech kolorów w stroju pozytywnie wpływa na wizerunek.

Strój ma również podkreślać osobowość mówcy. Prezenter musi dobrze się czuć w stroju, który zakłada. Dla swojego komfortu psychicznego i dobrego samopoczucia, bo

Strój, tak jak i postawa dodaje pewności siebie.

Ja: Teraz mam jasny obraz odnoście zasad. Dziękuję za precyzyjne instrukcje.

Mistrz: Wykorzystuj wiedzę mądrze.

Ja: Oczywiście.

Mistrz: Wrócimy do elementów przygotowania twojej wypowiedzi. Dam Ci kilka praktycznych wskazówek.

Ja: A ja będę bardzo uważny.

Mistrz: Każde wystąpienie ma swoją strukturę. Wyobraź sobie tłustego kota.

Ja: Kota?

Mistrz: Tak, właśnie kota.

Ja: Czemu ma to służyć?

Mistrz: Odzwierciedleniu proporcji i wyodrębnieniu poszczególnych części prezentacji.

- Głowa to wstęp,
- Gruby brzuch to rozwinięcie

- Cienki ogon to zakończenie.

Wszystkie te elementy są niezbędne!

Struktura wystąpienia jest jak tłusty kot.

Na początek przywitaj się i przedstaw, Powiedz, co jest tematem twojego wystąpienia. Określ zasady pracy i czas na pytania. Rozwiń temat, pokaż rekwizyty, materiały, zrób ćwiczenia, wszystko to, co zaplanowałeś. Przejdź do podsumowania, powtórz najważniejsze kwestie i zakończ pozytywnym akcentem.

Ja: Tego dowiedziałem się w szkole podstawowej. Pamiętam jak na lekcji języka polskiego uczyłem się pisać wypracowania. Stare dzieje.

Mistrz: To akurat element znany chyba każdemu. Oczywisty a jednak zapomniany. Notorycznie popełnianym błędem jest zbyt krótki wstęp i/lub brak wyraźnego zakończenia.

Ja: No proszę, łatwe a jednak trudne.

Mistrz: O oczywistych sprawach szybko zapominamy.

Ja: Chyba tak.

Mistrz: Zwróć uwagę na czas. Dostosuj się do tego ile go dostałeś. Kiedyś brałem udział w dużej konferencji, na której występowali zaproszeni przez organizatorów

goście. Każdy z nich wiedział wcześniej, że ma dwadzieścia minut na swoją mowę. Większość się w tym czasie zmieściła. Ale był jeden człowiek, któremu przerwano po czterdziestu minutach. Jego czas już dawno się skończył. On sam był niezadowolony, bo, jak twierdził, doszedł dopiero do połowy swojego wystąpienia.

Ja: Kłopotliwa sytuacja. Dla organizatorów ze względu na zaburzenie harmonogramu i konieczność zdjęcia mówcy ze sceny, a dla tego człowieka to pewnego rodzaju porażka.

Mistrz: Ja wyznaję zasadę, że porażek nie ma. Są natomiast informacje zwrotne. W tym przypadku informacja zwrotna brzmi:

Kontroluj czas

Ja: Nigdy na to nie patrzyłem z takiej perspektywy.

Mistrz: Warto w ten sposób spojrzeć. Porażka, jako informacja zwrotna, która pozwala zrobić następny krok.

Ja: A jak pracować nad tym, żeby nie wpaść w taką pułapkę jak ten człowiek?

Mistrz: Zastanowić się, co uda się powiedzieć w wyznaczonym czasie a następnie wypróbować to kilkakrotnie, odmierzając przy tym czas. Lepiej poruszyć jedno zagadnienie. Omówić je i dokładnie przepracować, zamiast na przykład pięciu bardzo pobieżnie.

Ja: Co racja, to racja.

Mistrz: Skupmy się przy tej okazji także na tym, że

Ważne jak zaczynasz

W wystąpieniach publicznych istotne jest wejście. Jeśli w ciągu pierwszych kilkunastu sekund zaskarbisz sobie sympatię publiczności i zdobędziesz ich zaufanie łatwo wybaczą Ci drobne potknięcia i obdarzą Cię swoim skupieniem i uwagą.

Ja: Ale jak to zrobić, przecież początek jest zawsze najtrudniejszy?

Mistrz: I na to są odpowiednie sposoby. Czasem wystarczy zacząć trochę inaczej.

Możesz zacząć jak wielu:

„Witam Państwa serdecznie. Nazywam się Jan Kowalski. Na dzisiejszym spotkaniu omówię najważniejsze aspekty związane z wystąpieniami publicznymi"

Albo zrobić to w bardziej interesujący sposób:

„Witam, nazywam się Jak Kowalski i zajmuję się wystąpieniami publicznymi. Pamiętam jak na początku mojej kariery zawodowej podszedł do mnie jeden z dziennikarzy i zapytał: Czego potrzebuje zawodowy mówca, aby dobrze się prezentować? Nasze dzisiejsze spotkanie będzie najlepszą odpowiedzią na jego pytanie."

Ja: Brzmi ciekawie.

Mistrz: To stara sztuczka znana również prezenterom telewizyjnym. Wprowadzić stan zaciekawienia już od pierwszych chwil. Nie zdradzać wszystkiego od razu, ale ubrać w ładną szatę i odkrywać powoli. Zdania otwierające są jednym z najważniejszych elementów wystąpienia, dlatego warto mieć je opanowane. Proponuję nauczyć się wejścia na pamięć. Resztę przemówienia można rozpisać na etapy i omówić po części improwizując.

Ja: Czy dobrze jest czytać z kartki to, co się przygotowało?

Mistrz: Osobiście uważam, że jest to mało profesjonalne. W całej swojej karierze ani razu z kartki nie czytałem. Znam takich, którzy robią to notorycznie. Moim zdaniem dużo traci się na kontakcie z publicznością. Doskonałym pomysłem jest przygotowanie dobrego konspektu z podziałem na części i wyróżnienie kolorami najistotniejszych fragmentów, nazwisk, danych statystycznymi itp. Mogą to być pomoce tworzone odręcznie lub przygotowanie na komputerze, kwestia preferencji. Mają być rozpisane w określony sposób:

- Kartka formatu A4 zapisana tylko po jednej stronie, druga strona zostaje czysta.

- Na każdej stronie w prawym dolnym rogu duży, bardzo widoczny numer strony.

- Z prawej strony duży margines ok. 3-4 cm, potrzebny do zapisywania ważnych informacji hasłowych, na przykład, jaki slajd pokazać w określonym miejscu przemówienia, co dać uczestnikom, jaki rekwizyt pokazać itd.

- Wyraźnie zapisany temat wystąpienia.

- Wypunktowane lub podzielone na części poszczególne aspekty do omówienia.

- Cały konspekt rozpisany dużą, naprawdę dużą czcionką, tak, aby z dalszej odległości także można było odczytać.

Ja: Bardzo pomocne wskazówki.

Mistrz: Przekazuję Ci to, co praktyczne i możliwe do natychmiastowego zastosowania.

Przemawiając weź pod uwagę naturalny spadek koncentracji uczestników. Wyzwaniem jest utrzymanie ich w stanie zaciekawienia i zainteresowania przez dłuższ czas. Sprawdzonym sposobem na utrzymanie wysokiego poziomu koncentracji u słuchaczy jest interakcja – w postaci zadawania pytań, motywowania do myślenia, wykonywanie zadań samodzielnych i zespołowych. Odrobina aktywności ruchowej także się sprawdza.

Ja: Uczestnicząc w różnego typu zajęciach zauważyłem, że dużo więcej zapamiętuję i jestem bardziej skupiony, jeśli jest coś do wykonania, na przykład w grupie. Działają na mnie także ilustracje. Łatwiej zapamiętuję, kiedy widzę to, o czym mowa.

Mistrz: *Przysłowie mówi: „Lepiej jest raz zobaczyć, niż słyszeć o tym 100 razy"*. Ludzie pamiętają około 80% rzeczy, które widzą słyszą i samodzielnie wykonują. Używaj, więc tablicy – notuj najważniejsze rzeczy. Zapisz na niej temat i punkty, które z łatwością rozwiniesz patrząc na nie w sytuacji, kiedy się pogubisz. To oficjalna podpowiedź, czyli tak zwana ściąga. Może wisieć przez cały występ i podpowiadać, gdyby coś zakłóciło twój spokój ducha lub gdyby nagle dopadła cię „czarna dziura" pożerając wszystko, co miałeś do powiedzenia.

Ja: Nie raz mnie atakowała w ważnych dla mnie momentach i usilnie próbowałem sobie przypomnieć, co jeszcze miałem powiedzieć. Gdybym miał taką podpowiedź pewnie dałbym radę.

Mistrz: Z całą pewnością. Teraz już zawsze będziesz przygotowany.

Ja: Będę.

Mistrz: Chcę żebyś wiedział o tym, że sam jesteś najbardziej znaczącym elementem wizualnym, jakiego możesz użyć podczas prezentacji! Twoje zachowanie wpływa na to, w jaki sposób jest ona odbierana. Dlatego dbaj o wizerunek kompetentnego prelegenta. Pozytywnie wpływaj na ludzi i…

Bądź nastawiony na publiczność

Prezentacja służy słuchaczom, a nie temu abyś był mówcą. Dlatego należy dbać o uczestników wystąpienia i okazywać to:

- motywując widownię żeby słuchała
- dając im to, czego oczekują
- wzbogacając wystąpienie przykładami
- pokazując swój entuzjazm
- angażując publiczność w dyskusję
- przygotowując dla nich rekwizyty, pomoce, ćwiczenia, w których będą mogli wziąć udział

Jeden z najstarszych stażem trenerów, z którymi miałem do czynienia powiedział mi kiedyś następującą rzecz:

W pracy, jaką wykonuje mówca obowiązuje stara, ale sprawdzona…

Zasada trzy razy P

- powiedz, o czym będziesz mówić

- powiedz, to, co masz powiedzieć

- powiedz, o czym powiedziałeś

Doskonale działa na scenie, na szkoleniach i przed kamerą. Prezenterzy stosują ją po to, aby mieć pewność, że słuchacze zapamiętają to, co najważniejsze. Stosując ją dajmy szanse naszym słuchaczom nie tylko na zapamiętanie istotnych informacji, ale także na wyciągnięcie odpowiednich wniosków.

Ja: Bardzo dobre – nie słyszałem o tym wcześniej. Na pewno to wykorzystam.

Mistrz: Kolejna wskazówka - chcesz pozyskać uwagę słuchaczy - stosuj pauzy. To skupia uwagę na tym, o czym jest mowa. Wyeliminuj ze swojej wypowiedzi przerywniki typu eee... yyy... One świadczą o niekompetencji i rozpraszają uwagę.

Cisza jest lepsza niż yyyyy....

Eliminacja jest bardzo prosta – wykonuj systematycznie następujące ćwiczenie – wybierz temat zupełnie nieznany i mów nieprzerwanie wszytko, co wiesz przez dwie minuty. Spokojnie buduj zdania i pamiętaj o ciszy. Po pewnym czasie zauważysz, że przerywniki zniknęły a ty, możesz się płynnie wypowiadać na każdy temat.

Ja: Niestety zauważyłem, że z przerywnikami a raczej z ich eliminacją muszę trochę popracować.

Mistrz: Niech to będzie twoje wyzwanie. Zobaczysz jak szybko się z tym rozprawisz.

Porozmawiajmy jeszcze chwilę o przyciąganiu uwagi i elementach, dzięki, którym wzbogacisz prezentację.

Ja: Super, tego mi trzeba. Chcę, aby ludzie byli zaciekawieni. Nie zasypiali z nudów i nie patrzyli nerwowo na zegarki.

Mistrz: Wyjaśnię ci, co to jest UFO bo…

UFO działa!

- **U**czucia : emocje, zapachy, smaki, przyjemność, wrażenia dotykowe i emocjonalne, słownictwo związane z uczuciami - (kinestetyk)

- **F**onia : słowa, muzyka, akcent, dźwięki, konwersacje, dialogi, dyskusje, cisza, słownictwo związane z dziwię kami - (słuchowiec)

- **O**braz : scenki, wyobrażenia, grafika, diagramy, rysunki, wykresy, zdjęcia, filmy, rekwizyty, słownictwo związane z obrazami i kolorami - (wzrokowiec)

Na widowni zwykle siedzą przedstawiciele każdej z wyżej wymienionych grup, czyli wzrokowcy, słuchowcy i kinestetycy. Każdy z nich inaczej przyjmuje i przetwarza informacje.

Wzrokowiec kanałem wzrokowym, czyli poprzez oczy. Lubi mieć zobrazowane to, o czym jest mowa. Zachwycą go rysunki, wykresy, zdjęcia, filmy i rekwizyty. Jego dewiza - zapamiętam jak zobaczę. Słuchowiec przyjmuje najwięcej informacji kanałem słuchowym, czyli poprzez uszy. Lubi dyskusje, dialogi, dźwięki i melodyjne głosy. Jego dewiza – słucham i zapamiętuję. Kinestetyk przetwarza informacje kanałem dotykowym, emocjonalnym, czyli poprzez doświadczanie. Będzie zadowolony z ćwiczeń, anegdot i otrzymanych materiałów. Jego dewiza – zapamiętuję, gdy sprawdzam na sobie. Jeśli chcesz zainteresować publiczność nawet tematem z pozoru nudnym zaprojektuj swoją mowę tak, aby w trakcie jej trwania znalazły się elementy przemawiające do każdej grupy. Używaj także słownictwa ze zbiorów bliskich każdej grupie.

Przykłady używanych słów - wzrokowiec

Patrzeć, obraz, zogniskować, wyobraźnia, wgląd, scena, czysty, wizualizować, perspektywa, świeci, odbijać, wyjaśnić, przejrzeć, oczy, przewidzieć, iluzja, ilustrować, zauważyć, podgląd, odkryć, przegląd, pokaz, widzieć, obserwować, wyobrażać sobie, ujawniać, wyglądać, mglisty, ciemny, jasny

Przykłady używanych słów - słuchowiec

mówić, akcent, rytm, ton, rezonować, dźwięk, monotonny, głuchy, dzwonić, pytać, akcentować, słyszalny, dyskutować, ogłosić, słuchać, krzyczeć, niemy, wokalny, powiedzieć, cisza, harmonijny, przenikliwy, spokojny, oniemiały.

Przykłady używanych słów - kinestetyk

dotyk, manipulować, kontakt, pchać, trzeć, solidny, ciepły, zimny, szorstki, zatrzymywać, naciskać, ciśnienie, zmysłowy, nacisk, dotykalny, napięcie, twardy, delikatny, pochwycić, trzymać, drapać, masywny, ciężki, cierpieć, gładki, komfort, wygoda, miękki.

Ja: To jest dopiero narzędzie. Mogę je stosować z kontaktach z grupą, podczas rozmów z przyjaciółmi, współpracownikami i przede wszystkim z szefem.

Mistrz: Zachęcam do eksperymentowania.

Ja: A co ze stresem? Czy on kiedyś zniknie?

Mistrz: Spróbuj zamienić stres w pozytywna energię. Odreaguj gestykulując, przechadzając się po sali, rysując coś lub pokazując. To jest moja tajna technika eliminowania stresu.

Ja: Mistrzu, to ty się jeszcze stresujesz?

Mistrz: A jakże inaczej. Tylko teraz on działa na mnie motywująco. Dzięki niemu zawsze mam przygotowane wszystko, czego potrzebuję. No i oczywiście ćwiczę moje wystąpienie. Robię próbę generalną kilka dni przed. Możesz zmniejszyć stres ćwicząc swój występ przed lustrem, przed kamerą lub jeśli masz taką możliwość przed znajomą publicznością. Pokaż się i pozwól innym udzielić ci informacji zwrotnej. To ważne gdyż, sam nie widzisz się tak, jak widzą Cię inni.

Ja: Chętnie poćwiczę z kamerą i sam zobaczę jak wyglądam. Jakie popełniam błędy. Co jeszcze powinienem wiedzieć?

Mistrz: Bez rozgrzewki jest zdecydowanie trudniej, dlatego:

Tuż przed wystąpieniem zrób sobie rozgrzewkę

Aparat mowy musi być dobrze rozgrzany bez tego łatwo wpaść w pułapkę przejęzyczeń. Po co narażać się na dodatkowy stres z tego tytułu.

Służą do tego następujące ćwiczenia:

1. Krążenia języka – po całej jamie ustnej, np. 5 razy w prawo i 5 razy w lewo, wypychając przy tym Poliki.

2. Szerokie otwieranie ust oraz poruszanie mięśniami całej twarzy.

3. Ćwiczenia na dykcję, takie jak:

   dada kaka dada kaka

   momo nono momo nono

   mymy lala mymy lala

   bubu tete bubu tete

   rara koko rara koko

   vava gogo vava gogo

   tete susu tete susu

   caca zaza caca zaza

4. Czytanie trudnego tekstu czyli zdania łamiące język:

W krzakach rzekł do trznadla trznadel: - Możesz mi pożyczyć szpadel?

Muszę nim przetrzebić chaszcze, bo w nich straszą straszne

paszcze. Odrzekł na to

drugi trznadel: - Niepotrzebny, trznadlu, szpadel! Gdy

wytrzeszczysz oczy w

chaszczach, z krzykiem pierzchnie każda, paszcza![1]

5. Szybkie powtarzanie zdania – Czy sushi się suszy? Cóż, że ze

Szwecji?[2]

Ja: Zastanawiam się czy będę o tym wszystkim pamiętał podczas

prezentacji.

Mistrz: To jest efekt uboczny naszego spotkania.

Ja: Jaki efekt uboczny?

Mistrz: Głosy. Od tej pory podczas wystąpień będziesz słyszał głosy

przypominające o tym, czego się u mnie nauczyłeś. Jeżeli przestaniesz

trzymać postawę lub ręce nie będą miały, co ze sobą zrobić otrzymasz

podpowiedź – „ręce wyżej", „proste plecy", „stopy przyklejone do

podłogi" itd.

---

[1] Autor Małgorzata Strzałkowska, źródło
http://www.dziecionline.pl/maluch/piosenki/45.htm

[2] Źródło http://www.teano.portalliteracki.pl/tonguetwister.php

Ja: O rany! To pozwoli mi się bardziej kontrolować.

Mistrz: Taki jest mój plan, dać Ci większe poczucie kontroli nas sobą.

Ja: A co gdy w siebie zwątpię?

Mistrz: No właśnie, co będzie, jeśli w siebie zwątpisz?

Ja: Nie zrealizuję swoich marzeń.

Mistrz: To jest największa kara jak sądzę.

Ja: Skąd, więc czerpać siłę, żeby patrzeć do przodu i iść z podniesiona głową?

Mistrz: Dobre pytanie. Opowiem Ci przypowieść, którą usłyszałem od swojego mistrza, kiedy zadałem podobne pytanie.

W odległej przeszłości, w samotni ukrytej wśród najwyższych szczytów Tybetu zebrali się najwięksi mędrcy świata. Wszyscy oni znali i przeniknęli tajemnicę mocy człowieka. Wiedzieli, że czasami uczynki ludzkie są okrutne oraz, że ludzie łatwo obracają ową potęgę przeciwko sobie. Zebrali się, by ukryć moc człowieka, tak by nie mógł jej odnaleźć. Długo, nawet jak na mędrców spierali się, medytowali i

dyskutowali. Starali się znaleźć najlepsze z najlepszych miejsc na świecie. Wreszcie jeden z mędrców rzekł:

- Skryjmy tę moc w najgłębszej kopalni świata. Zasypmy ją piachem, kamieniami i ogromnymi głazami. Żaden człowiek nigdy tam jej nie znajdzie.

Ale inni kręcili tylko siwymi głowami:

- Człowiek to tak wścibskie i arcyciekawe stworzenie... Lubi badać głębokie pieczary, lochy i jaskinie. Lubi drążyć Ziemię. Z pewnością tam ją znajdzie.

Przemówił, więc kolejny z mędrców:

- Ukryjmy moc człowieka na dnie najgłębszego oceanu. Postawmy na straży morskie potwory, żarłoczne ryby, niebezpieczne prądy i niezbadane głębie. Tam jej człowiek nie znajdzie.

Pozostali jednak się nie zgodzili twierdząc:

- Ależ i tam zagoni człowieka ciekawość! Chęć poznania i przeżycia kolejnej przygody zagna go wszędzie! Nawet i tam ją znajdzie.

Kolejny z mędrców doradził, by moc człowieka umieścić na szczycie najwyższej góry. Zasypać tę moc śniegiem, zakuć w wiecznym lodzie. Jednak i takie przeszkody zdawały się być zbyt małym wyzwaniem. Mędrcy uznali, że nawet takie górskie trudy to nic wobec nieposkromionej żądzy zdobywania, jaka od zawsze mieszkała w ludziach.

I kiedy zdawało się im, że nie ma już takiego miejsca, gdzie można by ukryć ludzką moc, przemówił najstarszy z mędrców:

- Ukryjcie tę moc w samym człowieku. Tam, bowiem nie będzie jej szukał. Nigdy nie wpadnie na to, że wszystko, co najwspanialsze ma właśnie w sobie.

I tak uczynili.

Ja: Ciekawa przypowieść i daje do myślenia.

Mistrz: Lubię takie historie. Każdy, kto ich słucha znajduje w nich coś dla siebie, wyciąga własne wnioski, ma swoje refleksje. Co się tobie nasuwa?

Ja: To, że każdy ma w sobie moc i może kierować własnym życiem.

Mistrz: Ludzie bardzo rzadko świadomie kierują swoim życiem, ponieważ brakuje im wiary w siebie.

Ja: Większość zdaje się na los i sądzi, że albo się ma szczęście albo nie.

Mistrz: To, co nas spotyka nie jest kwestią szczęścia tylko wiary, pragnienia i działania. Aby realizować swoje marzenia trzeba spełnić następujące warunki:

1. Dokładnie wiedzieć, czego się chce.
2. Być cierpliwym.
3. Uwierzyć, że to, czego się chce jest możliwe do realizacji.
4. Cały czas mieć przed oczami cel.
5. Dynamicznie i konsekwentnie działać.

Żeby nie było tak jak w znanym dowcipie:

„Pewien człowiek prosił Boga żeby wygrał w totolotka. Dzień, w dzień

20 minut wieczorem modlił się w następujący sposób:

- Boże proszę Cię żebym wygrał w totolotka, Boże proszę Cię...

I tak 20 lat. Po 20 latach Bóg już nerwowo nie wytrzymał, no, bo ileż

można. Rozchylił niebo i mówi:

- Człowieku! Daj mi szansę, wyślij kupon!"

Ja: Ha, ha, ha...Samo pragnienie nie wystarczy, trzeba podjąć działanie.

Mistrz: Zgadza się. Jest jeszcze coś. Jaka jest różnica pomiędzy celami a marzeniami?

Ja: Trudne pytanie. Marzenia to coś odległego, nierealnego.

Mistrz: Otóż..

Cele to marzenia z terminem realizacji.

Określaj w czasie to, czego pragniesz a potem konsekwentnie działaj wtedy zrealizujesz wszystko, o czego chcesz.

Energię i moc masz w swoim wnętrzu i tam należy ich szukać. Kiedy natrafisz na trudną sytuację, z którą nie będziesz mógł sobie poradzić, zrób następujący eksperyment. Wyobraź sobie, że wychodzisz z tej trudnej roli, w jakiej jesteś. Spoglądasz z góry na siebie i to, co cię w danej chwili otacza. Taka postawa do łatwych nie należy, ale warto się jej nauczyć. Można spojrzeć z dystansem na pewne sprawy, również na siebie.

Ja: Niesamowite jak wiele ode mnie zależy.

Mistrz: Od ciebie i od twojej postawy, od podjętych działań. Od energii, jaką włożysz w realizację zadań. Od stopnia zaangażowania i ilości ćwiczeń.

Pamiętaj! Będziesz miał dokładnie tyle ile wyćwiczysz i ani grama więcej.

Aby stan, który chcesz wyćwiczyć stał się stanem naturalnym musisz ćwiczyć. Dzięki temu tworzysz automat i działasz bez zastanowienia.

Kiedy tego dokonasz będziesz mógł skupić się na innych aspektach twojego wystąpienia. Zamiast non stop myśleć o tym, czy masz dobrą postawę, gesty itd.

Ja: To mi trochę przypomina prowadzenie samochodu. Prawo jazdy mam od ośmiu lat i teraz zupełnie nie myślę o tym, jak zmieniać biegi, czy mi samochód za chwilę zgaśnie. Wcześniej musiałem to cały czas kontrolować, teraz działam automatycznie.

Mistrz: Znalazłeś odpowiednią analogię. Kiedyś jechałeś zestresowany, kurczowo trzymając kierownicę. Dziś prowadzisz, rozmawiasz przez telefon i szukasz ulubionej stacji radiowej, jednocześnie jedząc kanapkę.

Ja: No prawie.

Mistrz: Masz już sporo wiedzy. Do tego wszystkiego potrzebujesz jeszcze odpowiedniego podejścia.

Ja: Jakiego?

Mistrz: Podejścia, jakie dają Ci twoje własne przekonania. Warto zaszczepić w sobie wszystko to, co korzystne i pomocne.

Przemawiając pomagasz ludziom i dajesz im coś wartościowego – wiedzę, nowe spojrzenie, emocje, radość, śmiech, nadzieję, pomoc, skuteczne rozwiązania, inspiracje do określonych działań.

Myśl o ich zadowolonych twarzach, uśmiechach i podziękowaniach oraz wszystkich innych gestach uznania, jakie sprawiają przyjemność w takim momencie np. owacja na stojąco.

Pielęgnuj w sobie poczucie dumy z tego, co robisz i z tego, co już udało ci się osiągnąć. Rewelacyjnie jest prowadzić prezentacje w takim właśnie stanie – wewnętrznego zadowolenia. Duma daje poczucie pewności i bezpieczeństwa. Masz wiedzę i wspaniałe możliwości. Tego nikt nie jest w stanie ci zabrać. Poczucie pewności dają również zasoby, z których robisz użytek we właściwym momencie. A zasobów w ostatnim czasie pozyskałeś cały worek.

Ja: Jest tego trochę.

Mistrz: I dobrze! Bądź doskonałym uczniem i z pasją zdobywaj wiedzę. Udoskonalaj swoje umiejętności. Dobry mówca powinien się kształcić, wtedy codziennie staje się lepszy. Musi mieć zawsze

aktualną wiedzę. Do tego potrzebny jest rozwój. Rozwój zaczynasz od siebie. Liczą się doskonałe efekty, które uzyskujesz ćwicząc.

Moment wyjścia przed ludzi ma być przyjemnością i zabawą.

Na początku traktuj to, jako wyzwanie. Każdego dnia możesz to robić z pasją.

Ja: Już czuję, że zmieniłem podejście i mniej się boję.

Mistrz: Świetnie!

Ja: Ale to twoja zasługa Mistrzu. Ty mnie tak odmieniłeś.

Mistrz: To wyłącznie twoja zasługa. Ja tylko przekazałem ci, co wiem. Ty zintegrowałeś tę wiedzę i wykazałeś się ogromną otwartością na jej przyjmowanie.

Ja: Dziękuję.

Mistrz: Tym sposobem przekazałem ci wszystko, co dla mnie cenne. Jest to fundamentalna wiedza. Teraz możesz budować.

Jeśli stworzysz dobre fundamenty, możesz zacząć budować.

Ja: Dobry fundament otwiera możliwości. Pomysł na budowlę mam a prace nad nią trwają.

Mistrz: Doskonale!

Ja: Czy mogę mieć do ciebie jedno pytanie i jedną prośbę?

Mistrz: Proszę bardzo. Cóż to takiego?

Ja: Pytanie – dlaczego na początku powiedziałeś o dwóch zasadach, do których mam się zastosować?

Mistrz: Zasada pierwsza – nigdy nie odpowiadaj „nie wiem" miała zmobilizować cię do myślenia, poruszyć twoje szare komórki a przy okazji uczyć kontroli pewnych zachowań.

Ja: Rozumiem. A druga?

Mistrz: Bierzesz tylko to, co jest ci potrzebne, sam decydujesz, co jest dla ciebie dobre. Każdy mój uczeń ma być samodzielny. Musi umieć podejmować decyzję, co chce ćwiczyć a czego nie. Sam ponosi odpowiedzialność za efekty i swój dalszy rozwój.

Ja: Oczywiste. Teraz prośba. Opowiedz jeszcze jakąś ciekawą historię. Ta o mocy bardzo mi się podobała.

Mistrz: Dobrze, opowiem.

Dawno temu w jednej ze starych wiosek mieszkał chłop ze swoim młodym synem. Pewnego dnia wracali do domu przez pola i łąki.

Znaleźli pięknego konia. Schwytali go i zabrali ze sobą. Kiedy wrócili do wioski szybko dostrzegli to ludzie i zebrali się wokół chłopa mówiąc między sobą:

- Ten to ma szczęście. Znalazł konia. Teraz praca w polu nie będzie już dla niego tak uciążliwa i trudna. Koń go trochę odciąży. Ma wielkie szczęście.

Słysząc to, chłop wypowiedział następujące słowa:

- Czy to dobrze, czy to źle, nie wiadomo.

Po kilku dniach syn starego chłopa chciał oswoić konia, próbował go ujeżdżać i spadł z jego grzbietu łamiąc przy tym nogę. Znów mieszkańcy woski zgromadzili się wokół i komentując całe zajście mówili:

- Boże, jakie to nieszczęście. Co teraz będzie? Wszystko przez tego konia. Ojej, jakie to nieszczęście.

Słysząc to, chłop znów wypowiedział słowa:

- Czy to dobrze, czy to źle, nie wiadomo.

Nadeszła wiosna. Żołnierze przyjechali zaciągnąć młodych mężczyzn do wojska. Zabrali wszystkich z wyjątkiem kontuzjowanego syna wspomnianego chłopa. I tu kolejny raz zebrali się mieszkańcy wioski, mówiąc:

- Ten to ma szczęście. Wszystkich młodych zabrali a jego syna oszczędzili. Jakie to wielkie szczęście.

Słysząc to, chłop wypowiedział to zdanie:

- Czy to dobrze, czy to źle, nie wiadomo.

I tak można by ciągnąć tę historię dalej i dalej…

Ja: Znów mnie zaskoczyłeś.

Mistrz: Jaki morał wypływa z tej zabawnej historyjki?

Ja: Punkt widzenia zależy od punktu siedzenia, to po pierwsze. Druga rzecz, jaka przyszła mi do głowy jest taka, że nie ma tego złego, co by na dobre nie wyszło. Z pozoru negatywne zdarzenie może się bardzo dobrze zakończyć i zwykle niesie za sobą wartościową naukę.

Mistrz: Być może bez tego trudnego doświadczenia nie byłoby nas tu gdzie teraz jesteśmy. Dlatego wyciągaj pozytywne wnioski z trudnych sytuacji. To niezbędne, żeby iść do przodu.

Ja: Z całą pewnością.

Mistrz: Nasze przesympatyczne i jakże owocne spotkanie w tym momencie się kończy.

Ja: Błyskawicznie upłynął czas w twoim towarzystwie.

Mistrz: Przynajmniej się nie nudziłeś.

Ja: Niezły żart. Przy tobie nie można się nudzić.

Mistrz: Cieszę się.

Ja: To ja się cieszę.

Mistrz: Było mi niezmiernie miło pracować z tobą. Kolejne kroki wykonasz samodzielnie i wiem, że świetnie dasz sobie radę. Jesteś dobrze przygotowany. Czytaj, obserwuj ludzi, ucz się przyjmować komplementy. Dziękuj za nie. Chwal sam siebie za poprawne wykonanie określonych zadań. Ucz się przyjmować krytykę. Słuchaj informacji zwrotnej i rób z niej użytek. Pracuj nad tym, co masz do poprawy. Każdy dzień daje Ci nowe możliwości rozwoju. Patrz do przodu. Jeśli się odwracasz za siebie to nie po to, aby rozpamiętywać to, co ci nie wyszło. Lecz tylko po to, aby wyciągnąć wnioski i wykonać lepiej to, co się wtedy nie udało. Każde kolejne wystąpienia traktuj, jako okazję do rozwoju, praktykowania nowych narzędzi i szlifowania swoich umiejętności. Inwestuj w dalszy rozwój – czas, zaangażowanie i pieniądze. Inwestycja w siebie to najlepsza rzecz, jaką można w życiu zrobić. Zawsze się zwraca. Sam kiedyś zainwestowałem sporą sumę pieniędzy, aby przez siedem dni trenować u najsławniejszego z Mistrzów. Kwota inwestycji miała aż cztery zera i wiesz, co Ci powiem – było warto! To był przełom w mojej karierze i zdobyłem najbardziej wartościową wiedzę w tej branży. Techniki, które wtedy wypracowałem działają do dziś. Zyskałem większą kontrolę nas sobą i sygnałami, jakie wysyłam w stronę mojej widowni. Nie poprzestałem na tym, uczyłem się dalej, czytałem, praktykowałem i sprawdzałem wszystko to, co uznałem, że jest warte zastosowania. Słuchałem podpowiedzi mądrych osób. Wprowadzałem w życie kolejne zmiany, poprawki, korektę zachowania. Dziś jestem tu gdzie jestem i nadal się uczę. Od Ciebie chłopcze też nauczyłem się nowych rzeczy i bardzo Ci za to dziękuję.

Ja: Ode mnie? Czego się nauczyłeś?

Mistrz: Cierpliwości, nowego nieukierunkowanego spojrzenia na pewne aspekty kontaktu z grupami, ogromnej otwartości i pokory.

Tak jak obiecywałem na początku, przekazałem Ci wiedzę, teraz czas abyś zmierzył się z prawdziwą publicznością. Idź. Czekają na Ciebie. Pokaż, na co Cię stać!

*****

Wierzę, że nic nie dzieję się przez przypadek a sytuacje i okoliczność, w jakich się znajdujemy dopasowane są do naszych myśli i wewnętrznych przekonań.

Po spotkaniu wynotowałem następujące rzeczy, tak zwane złote myśli:

1. Nieśmiałość, trema i strach są uleczalne.

2. Każdy może zostać mówcą, jeśli zechce.

3. Wychodź naprzeciw swoim słabościom, wtedy je pokonasz.

4. Wiedza daje poczucie pewności.

5. Pewność siebie kryje się w pewnej postawie.

6. Odbiór świadomy to tylko 7 % całego przekazu, 93% to odbiór podświadomy związany z komunikacją niewerbalną.

7. Dobry mówca to przede wszystkim spójny mówca.

8. Praktyka czyni mistrza. Gdy zaniedbasz trening zaczniesz popełniać podstawowe błędy.

9. Jeśli wiesz, dokąd zmierzasz na pewno tam dotrzesz.

10. Zachowaj pewną dozę naturalności w zachowaniu.

11. Chcąc udoskonalić swoje prezentacje udoskonalaj siebie.

12. Publiczność czasem odczuwa stres, ale przede wszystkim niepewność.

13. Strój, tak jak postawa dodaje pewności siebie.

14. Struktura wystąpienia jest jak tłusty kot.

15. Kontroluj czas.

16. Ważne jak zaczynasz.

17. Bądź nastawiony na publiczność.

18. Sprawdzona jest zasada trzy razy P.

19. Cisza jest lepsza niż yyyy…

20. UFO działa!

21. Tuż przed wystąpieniem zrób sobie rozgrzewkę.

22. Cele to marzenia z terminem realizacji.

23. Będziesz miał dokładnie tyle, ile wyćwiczysz i ani grama więcej.

24. Moment wyjścia przed ludzi ma być przyjemnością i zabawą.

25. Jeśli stworzysz dobre fundamenty, możesz zacząć budować.

wszystkie zebrane wiszą na ścianie nad moim biurkiem i przypominają o sobie, kiedy pracuję nad kolejnym przemówieniem czy treningiem. Mistrz, którego tożsamość pozostanie tajemnicą, okazał się bardzo pomocny w drodze do celu, jaki sobie wyznaczyłem. Zyskałem coś, czego nikt nigdy mi nie odbierze – wiedzę.

Miesiąc później wysłałem do Mistrza list następującej treści:

„ Mistrzu,

Od naszego spotkania minął miesiąc. W tym czasie miałem okazję przeprowadzić trzy samodzielne wystąpienia. Cóż mogę powiedzieć – jestem z siebie dumny. To niesamowite uczucie. Wszystko, o czym mówiłeś doskonale się sprawdza. Pracuję nad sobą i z radością obserwuję swoje postępy. Jestem zdumiony jak duży krok na przód uczyniłem. Co więcej, wciąż mam nowe pomysły jak się dalej rozwijać.

Czuję, że stać mnie na jeszcze więcej!

Dziękuję."